Son jarocho
La Guacamaya

Historia por ;Arturo R. Martínez
Ilustración por; Honorio Robledo

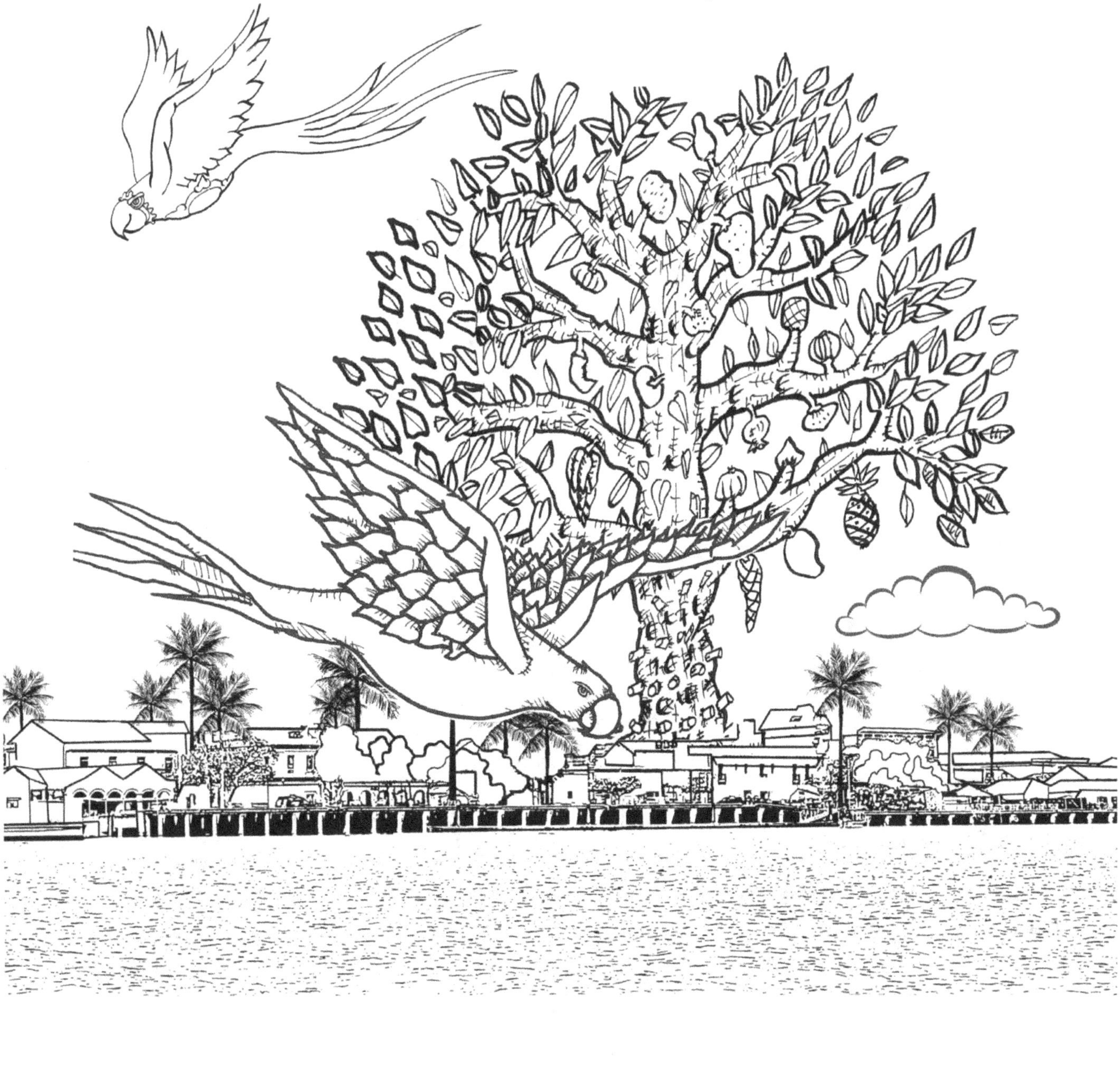

Coloreando el cielo con su hermoso plumaje se acercaba una numerosa parvada de guacamayas, llenando la húmeda y cálida atmósfera con sus penetrantes cantares.Así regresaban cada año al terruño donde habían roto el cascarón.

Era un grupo nómada, siempre volando a los árboles frondosos y cargados de frutas. Sus exploradores iban en busca de nuevos plantíos mientras el resto de la parvada se relajaba en medio un gran algarabía.

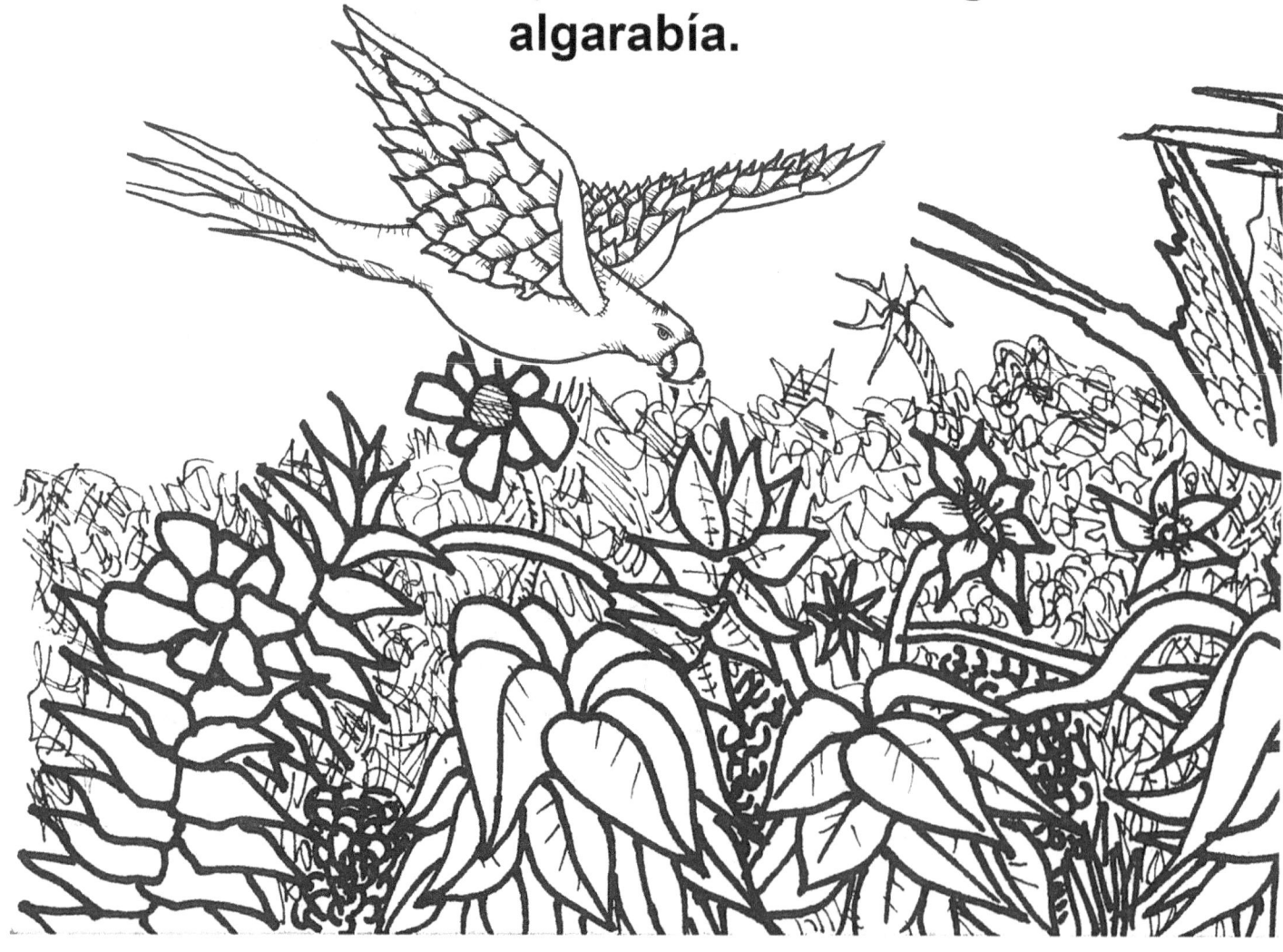

Cierto día la banda de guacamayas, cansada ya de volar de árbol en árbol, decidió hacer una vida sedentaria en un sitio priviligiado. . .

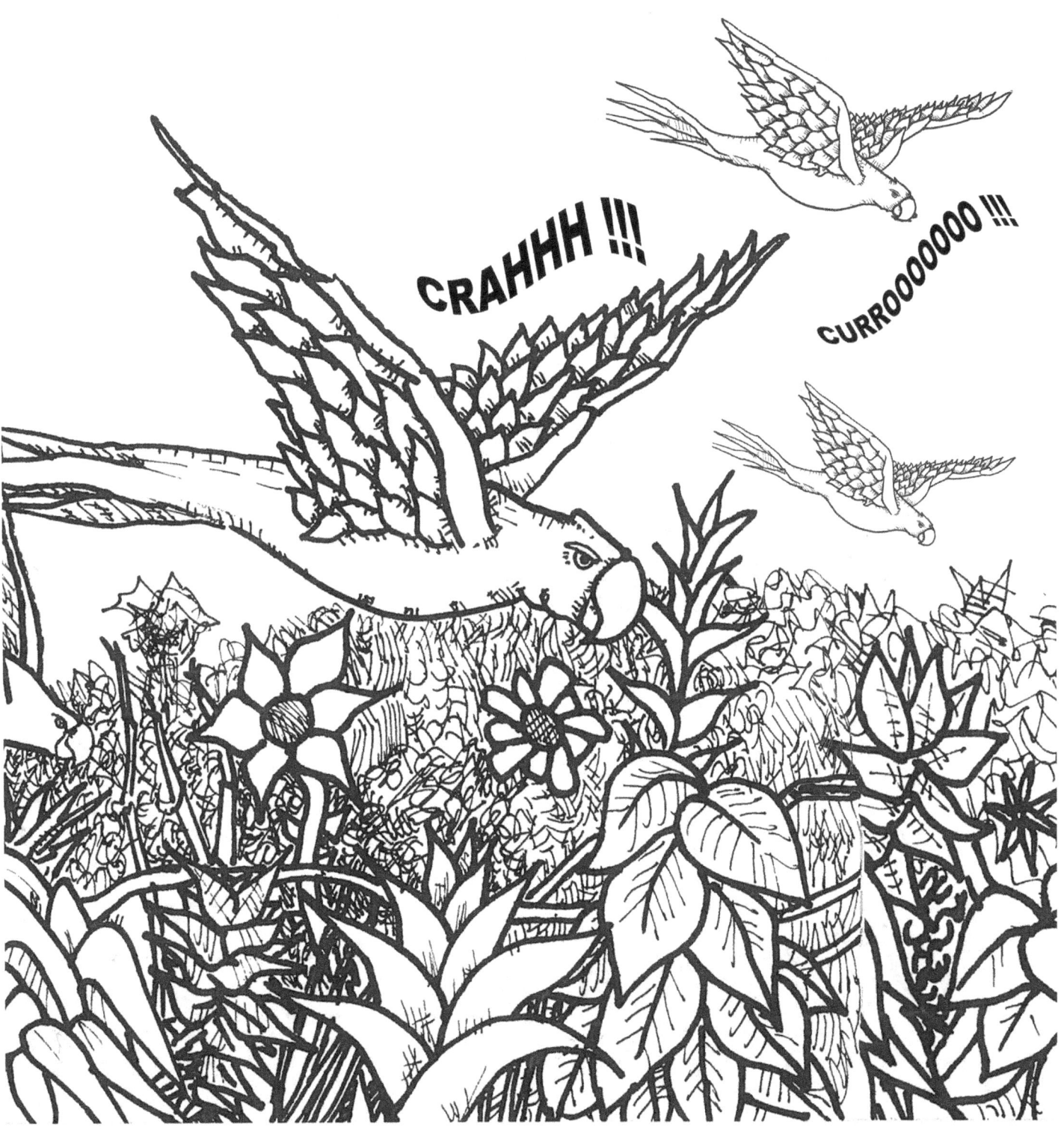

La Gran Guacamaya Mayor, llamada "Pico Rabioso", era un ave fornida e inteligente, heredera deconocimientos ancestrales y mágicos. Sabía, por la enseñanza de sus antepasados, que en cierto lugar se encontraba el paraíso tropical.

En su papel de guía buscaba con atención la señal entre los manglares y el follaje selvático del Sotavento: un árbol cuyas enormes ramas se extendieran en un laberinto infinito, difundiendo el aroma encantador de sus jugosos frutos.

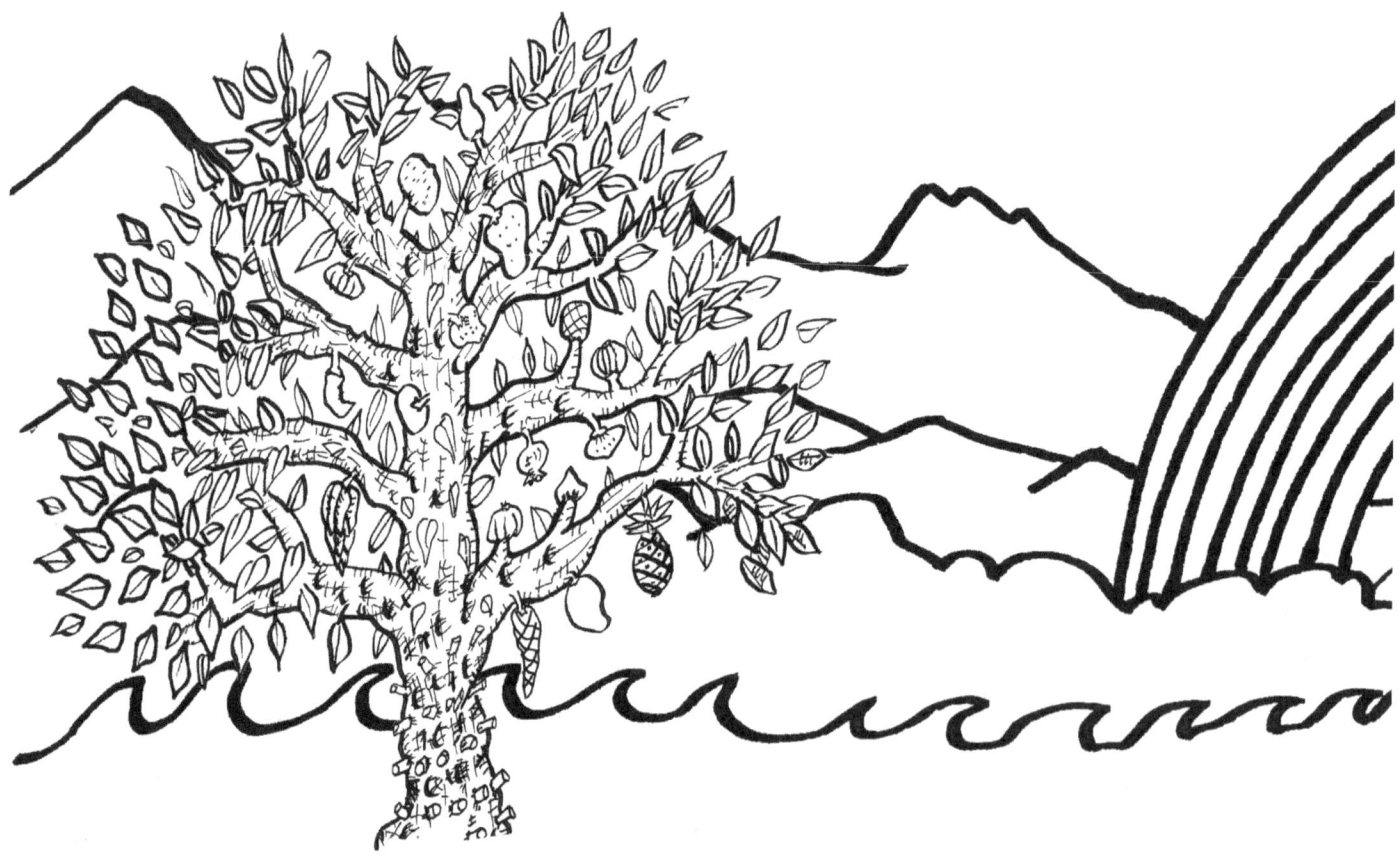

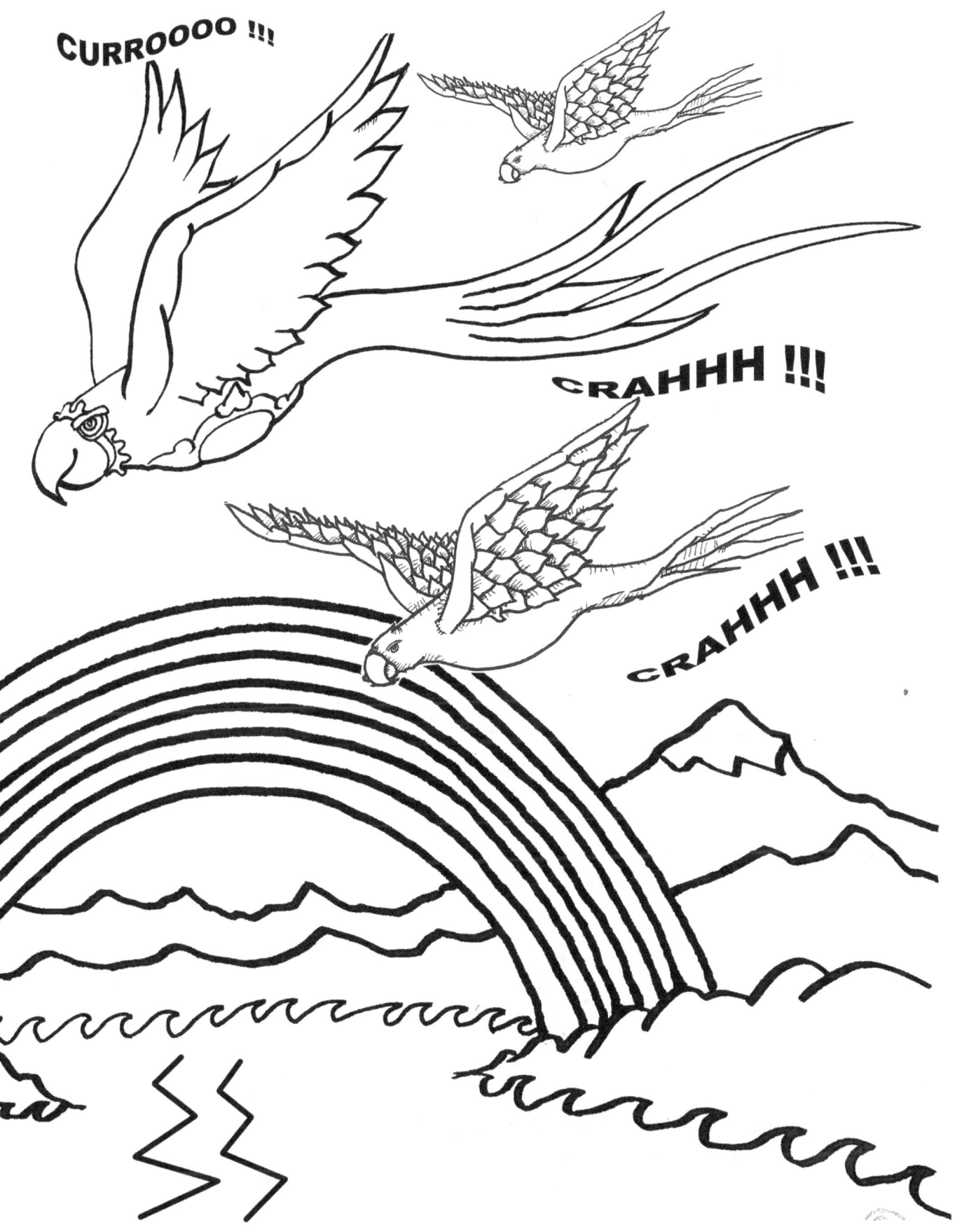

Se trataba de un árbol tan grande que apenas doscientas personas podían abrazarlo y una luminosa mañana lo encontraron, destacándose sobre los tejados y las cúpulas.
¡Una perfecta isla vegetal!
Y lo que era increíble:
"EL ÁRBOL DE LA VIDA", estaba desocupado.

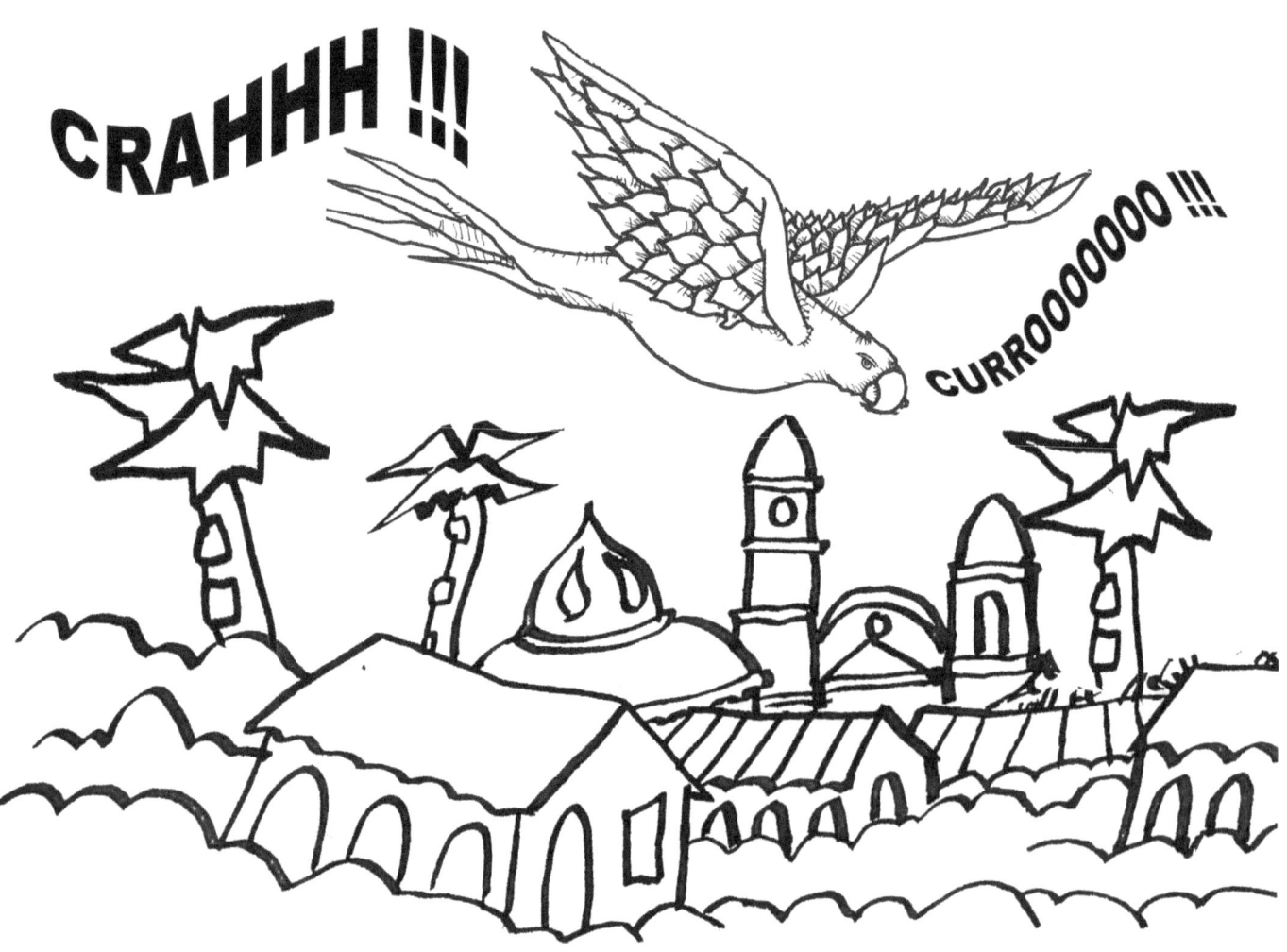

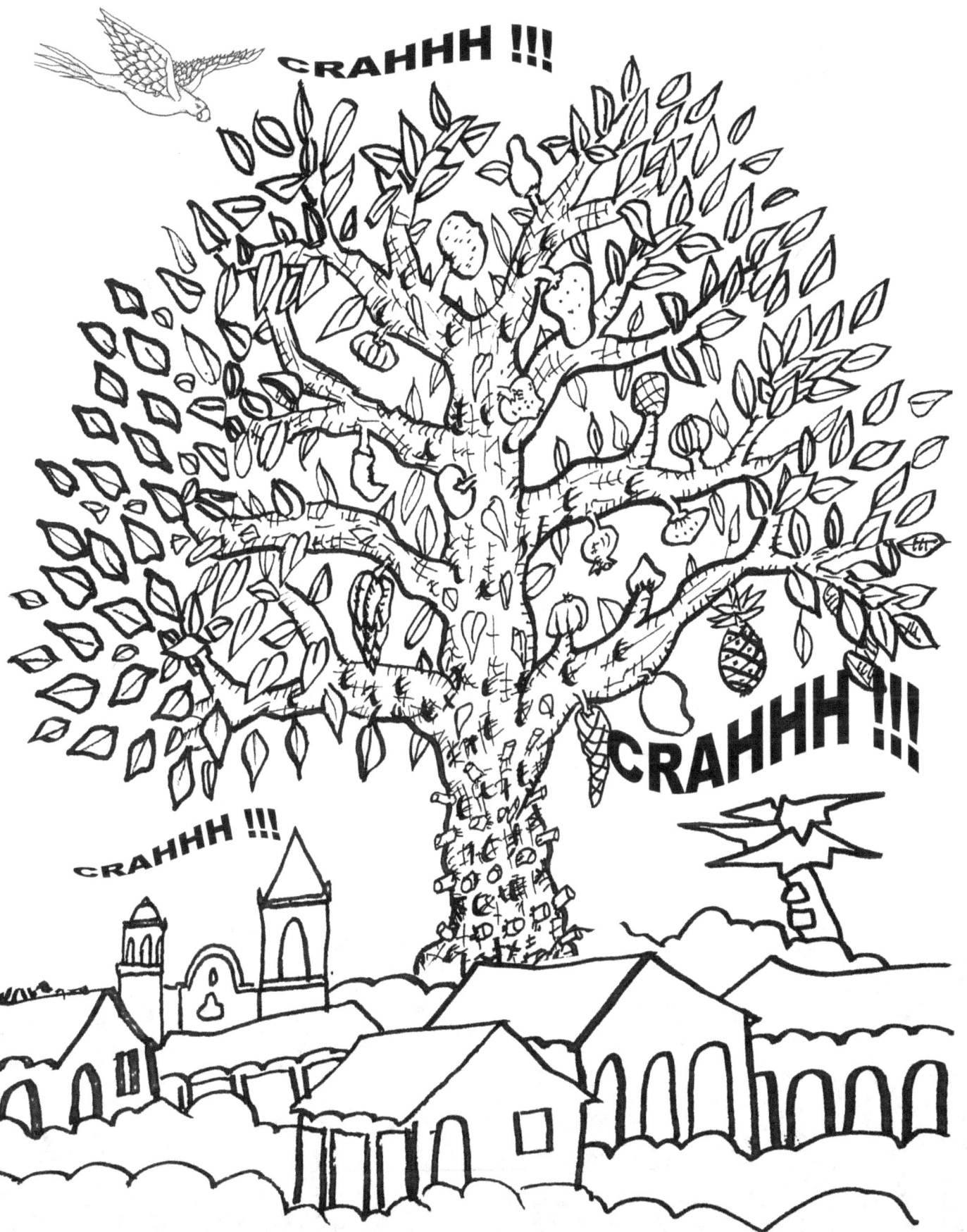

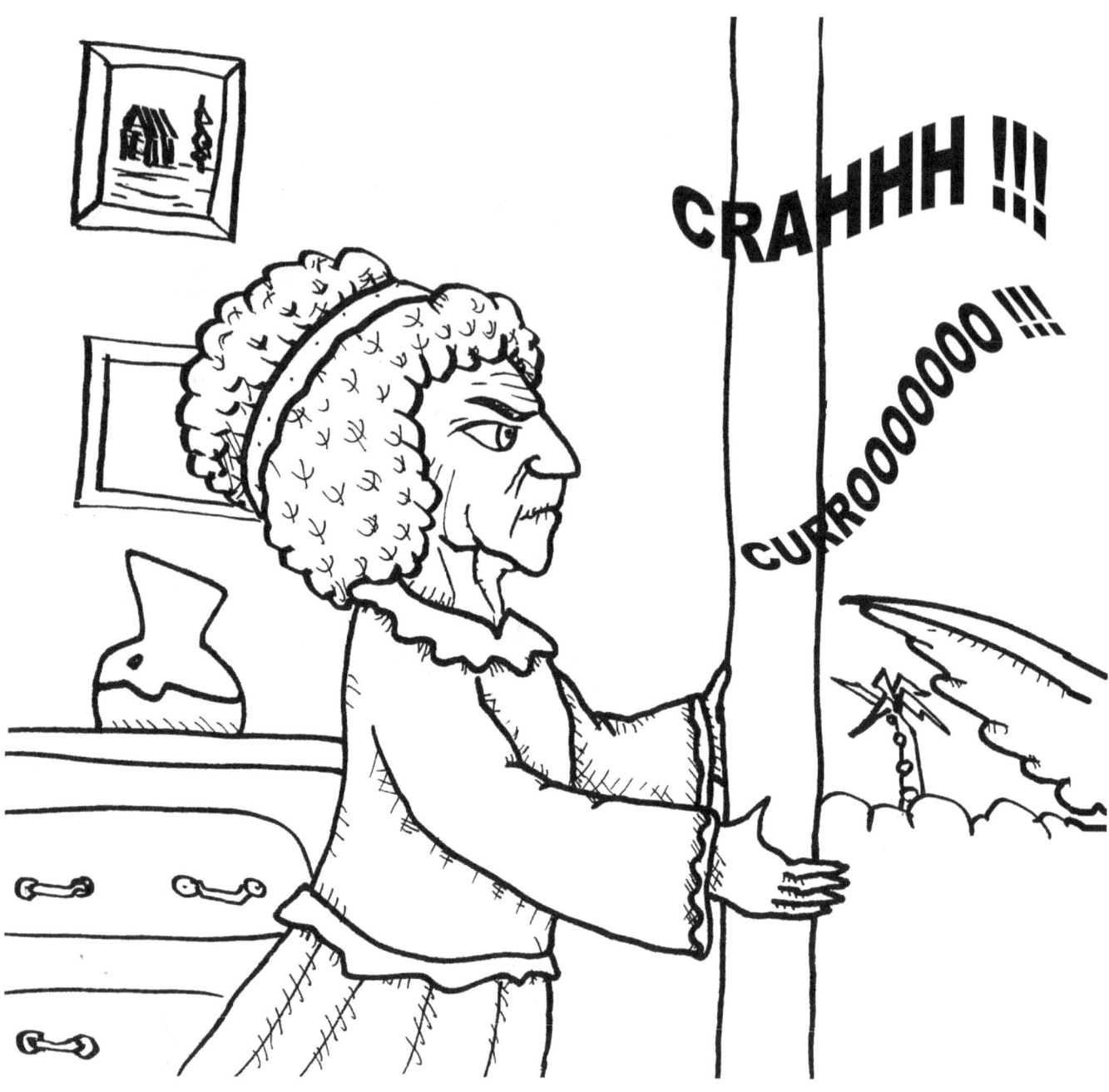

Pero en nuestra fiesta no podía faltar el elemento Matilde, la prefecta jubilada, acostumbrada a la perfección y al orden. Ella se la pasaba en su amplio corredor tejiendo o leyendo novelas historicas.

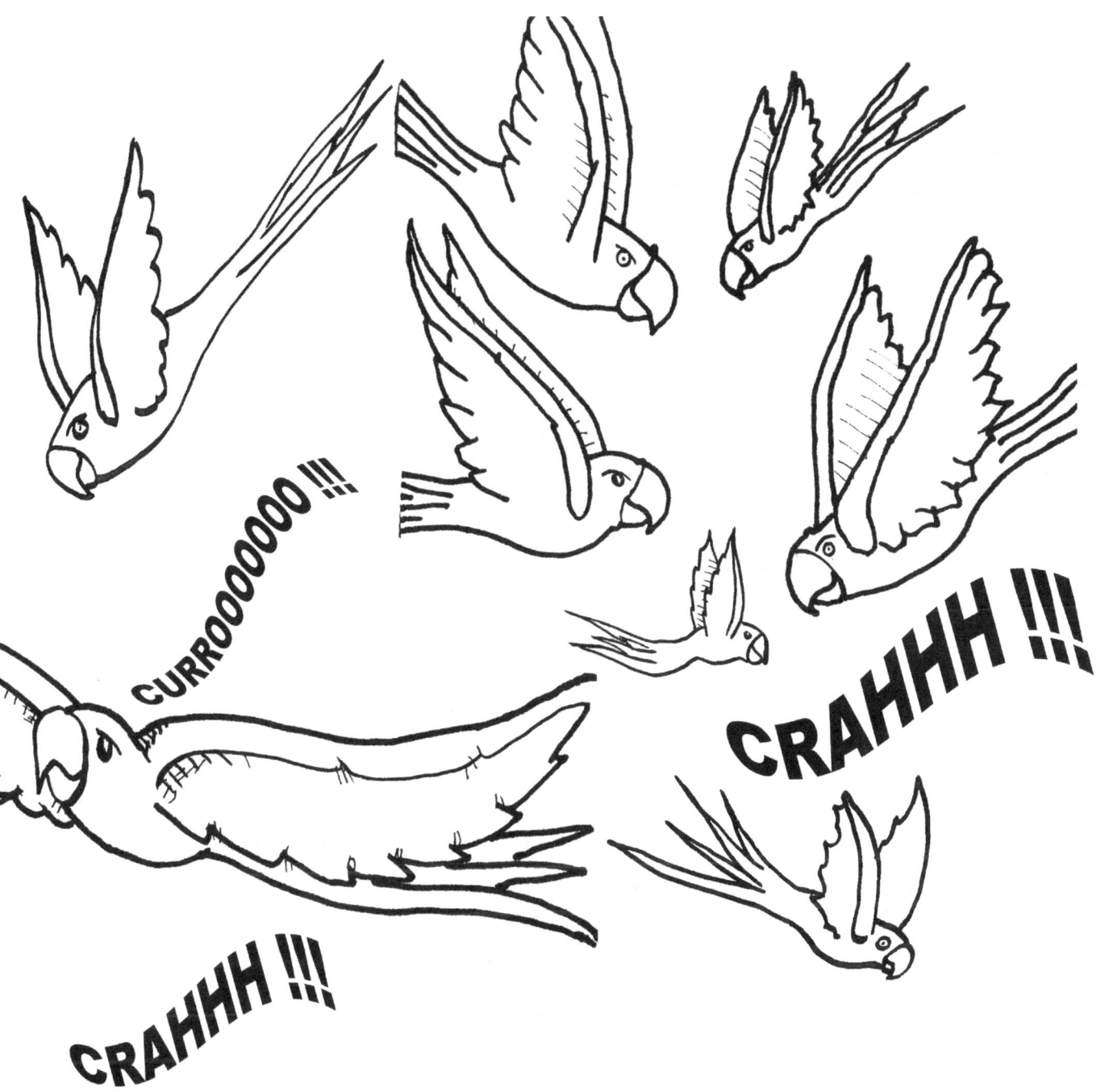

Casualmente, el maravilloso "ÁRBOL DE LA VIDA" se encontraba justamente en el centro de su patio, y la frenética Sinfonía de las guacamayas interrumpió su cotidiana siesta, poniéndole las canas de punta.

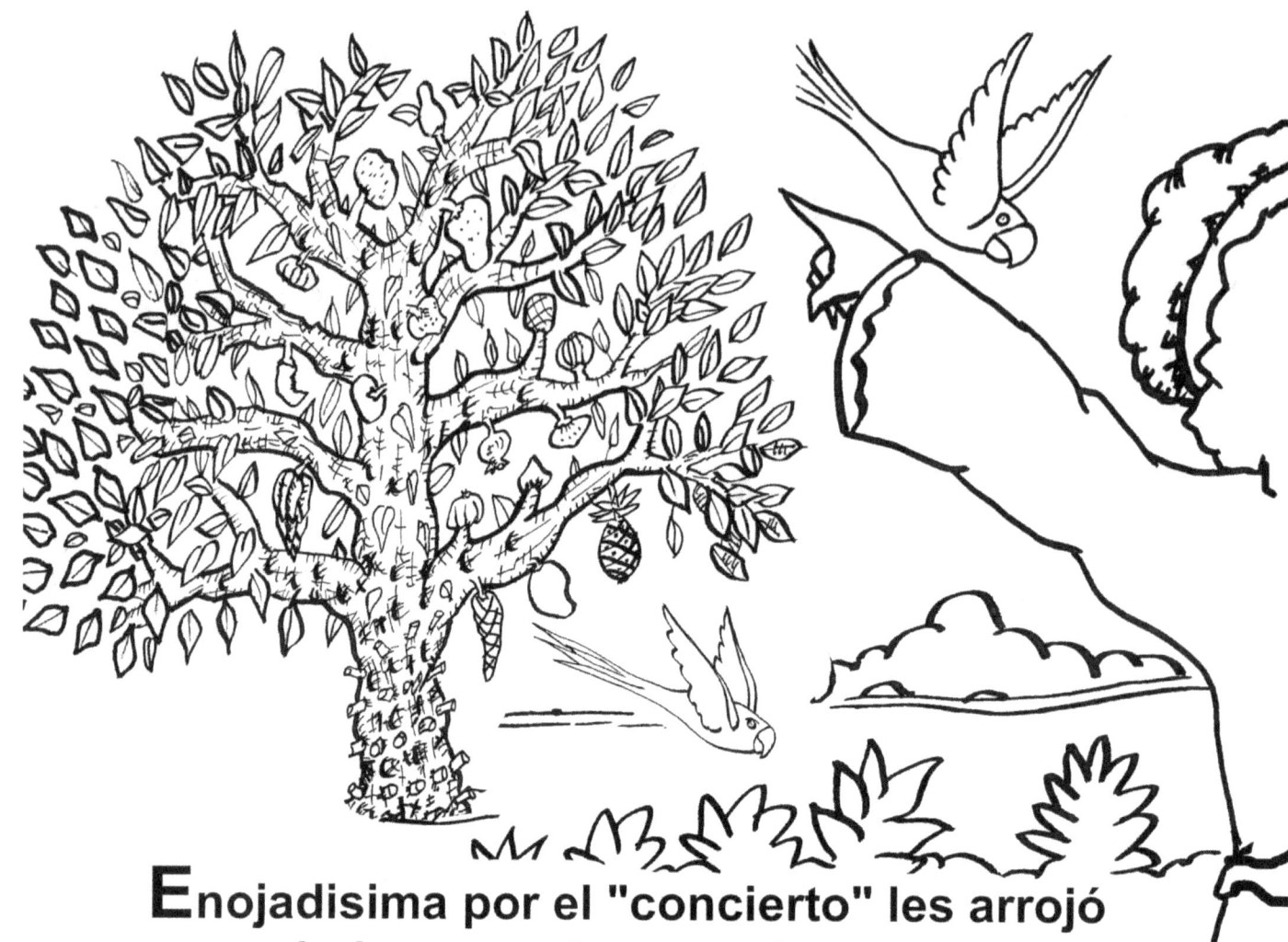

Enojadisima por el "concierto" les arrojó
una piedra para ahuyentarlas, pero sólo
rompió una de sus macetas:
"¡CRAHHHHHH,CRAHHH,currooo,
currooooooo,chicorruuuuuu!", fue el
coro burlón de las guacamayas.

Entonces, sulfurada, comenzó a
aventarles palos, piedras, llaves,
jarros y cuanta cosa pudo usar
como proyectil. Las guacamayas,
divertidas, levantaban el vuelo,
pero regresaban cacaraqueando.

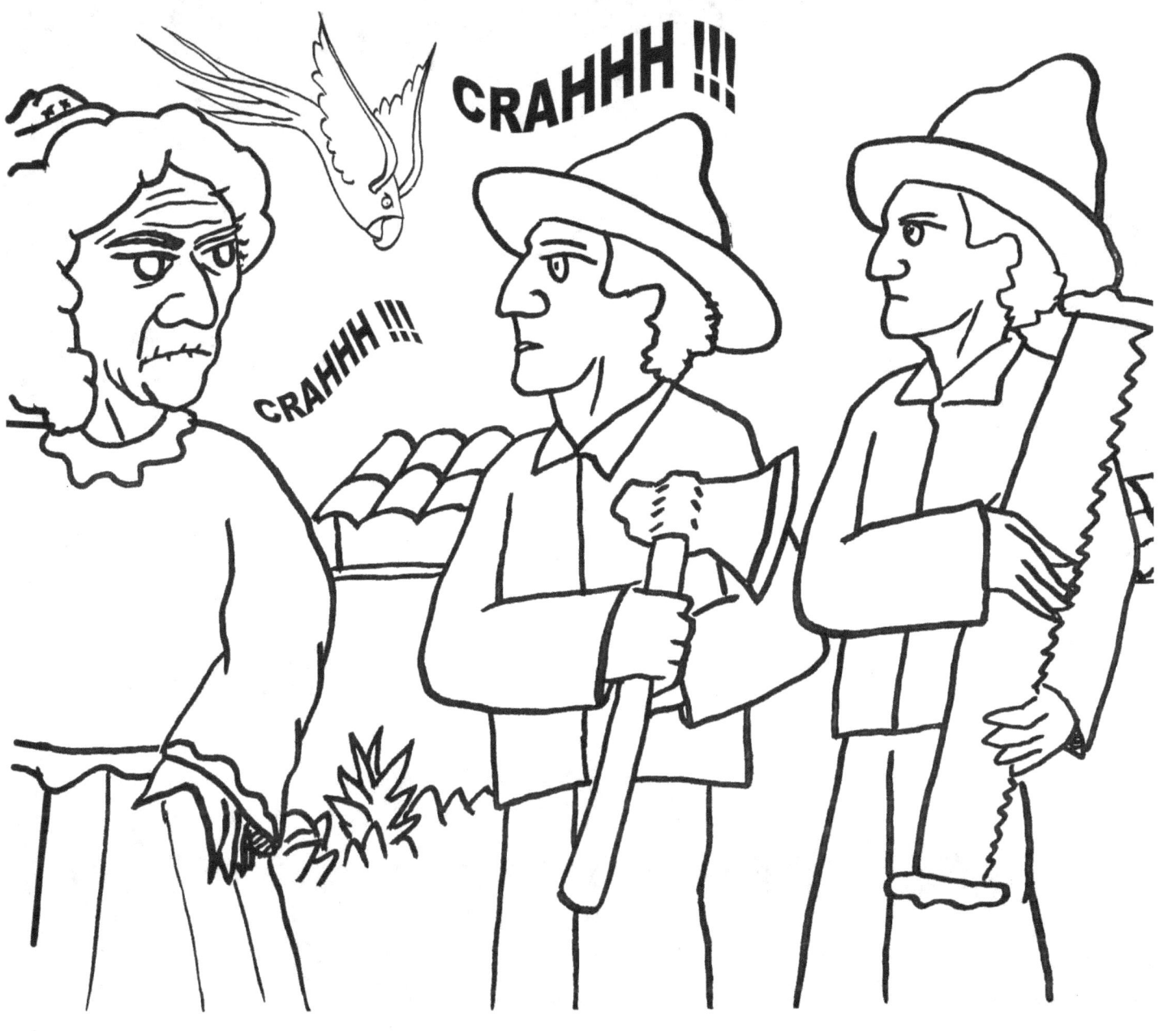

La historia se repitió por varios meses,
hasta que Doña Matilde, harta ya de
la molestia y habiendo quebrado
todas sus macetas,   ¡Ordenó cortar el árbol!

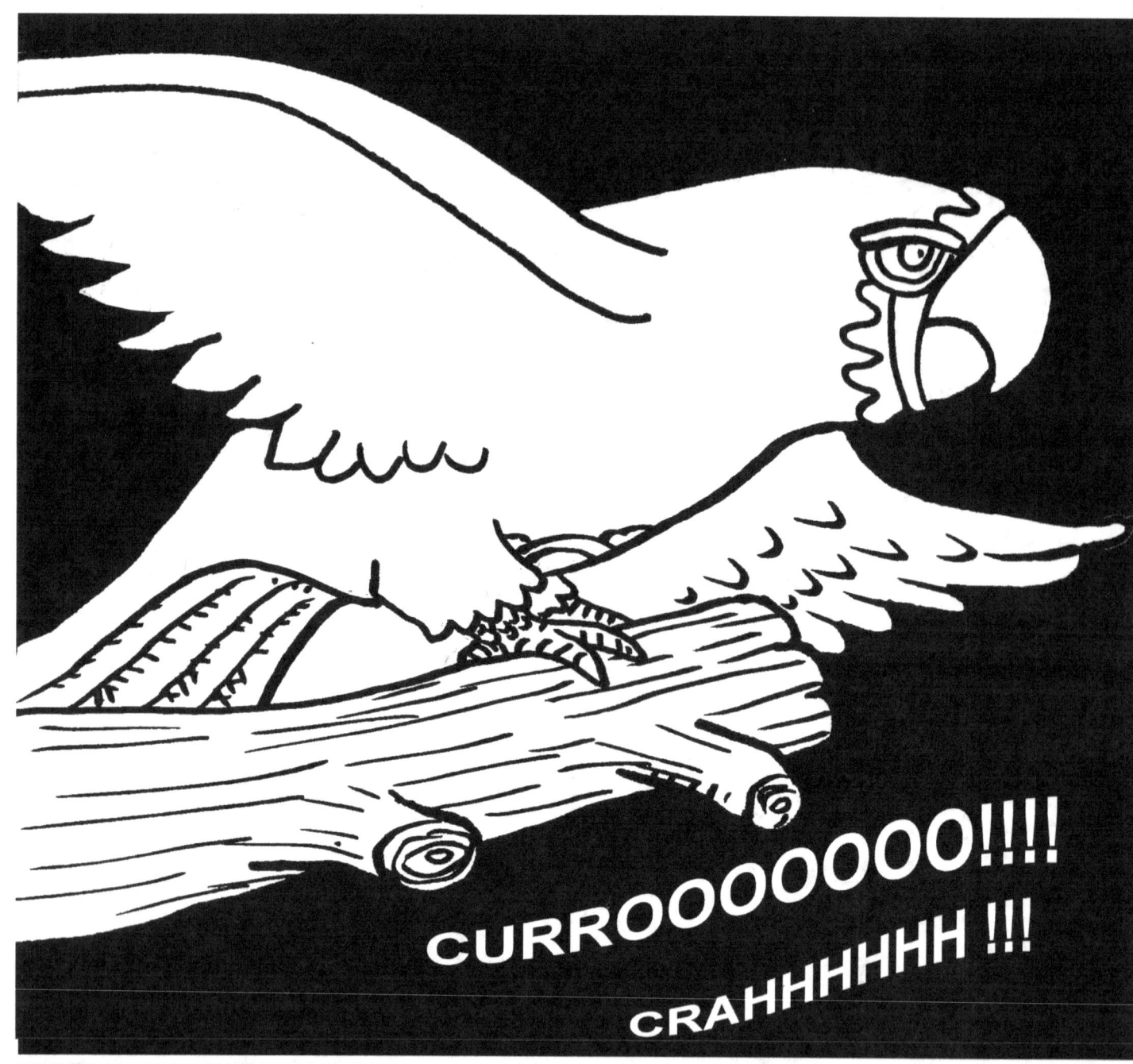

CURROOOOOOO!!!!

CRAHHHHHH !!!

Las Guacamayas, desoladas, se fueron
a otros árboles cercanos,donde
lamentablemente, la situación fue igual.
Con gran pesadumbre las guacamayas
se percataron de que ya no podían convivir
con los seres humanos.

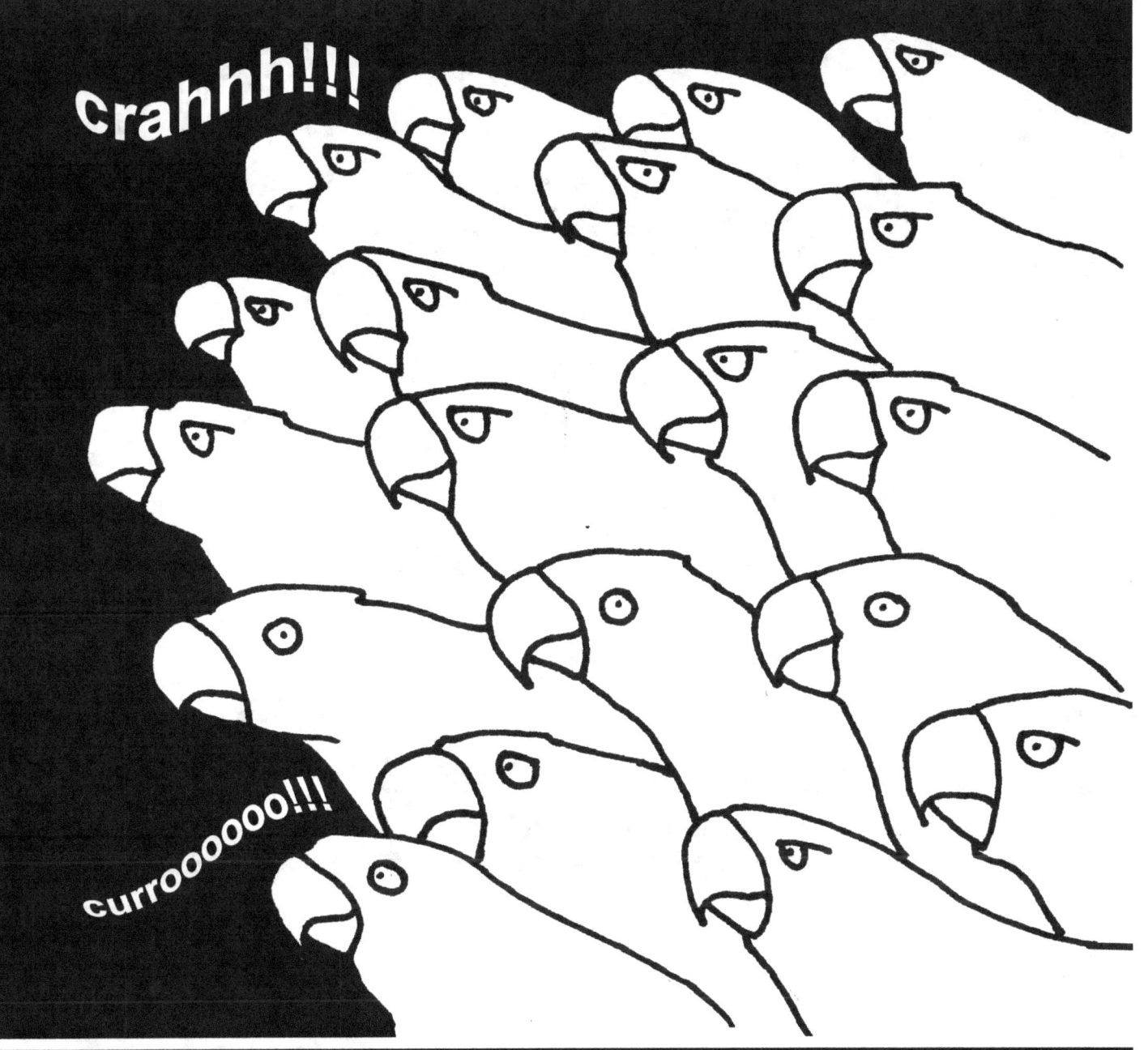

Entonces la Guacamaya Mayor
convocó a una reunión para solucionar
el problema. Las aves estaban tan enojadas
que, por mayoria de votos, decidieron darles
un escarmiento a las personas que, tan
injustamente, trataron mal a la parvada.

El castigo sería EL MAL DE LA GUACAMAYA que es un antiguo sortilegio que provoca hablar, hablar, hablar y hablar.

La Guacamaya Mayor, empleando sus conocimientos mágicos, pidio siete plumas a cada guacamaya, y ordenó esparcir tales plumas en las casas de las agresoras.

Comenzaron con doña Matilde, la instigadora principal, que además cortó el "Árbol Frondoso de la Vida" Prosiguieron en cada una de las casas de las intolerantes hasta que las plumas se terminaron.

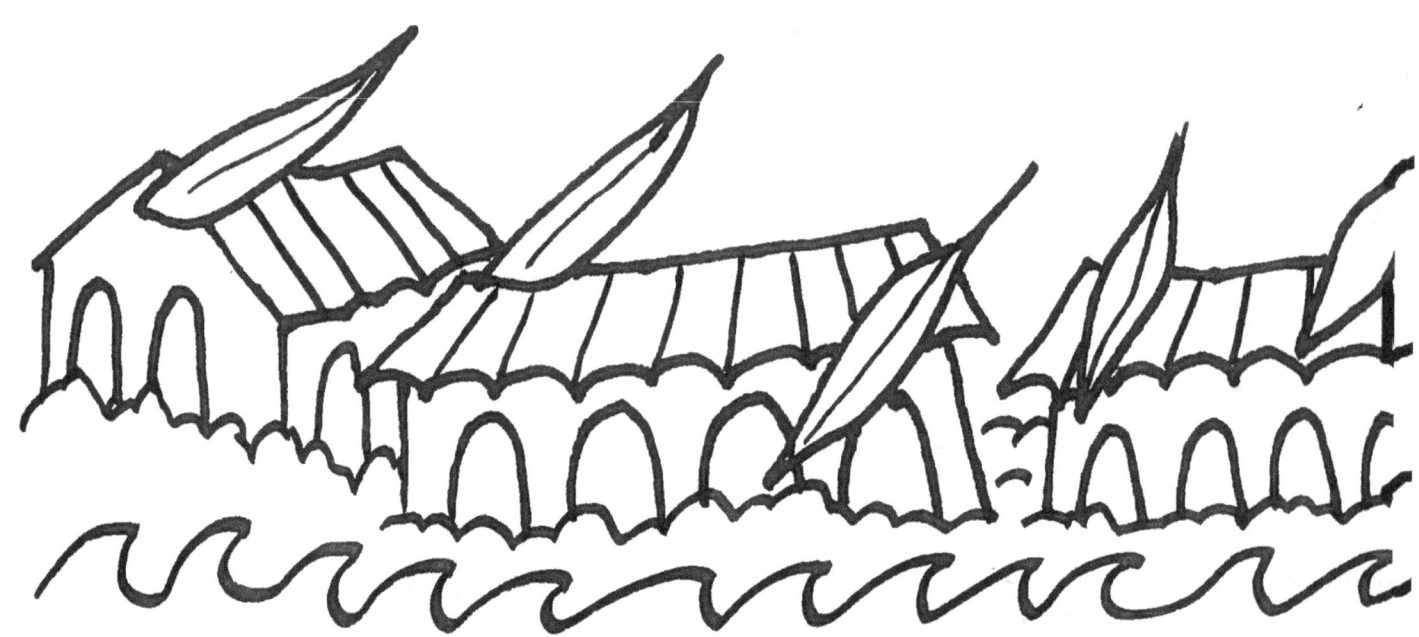

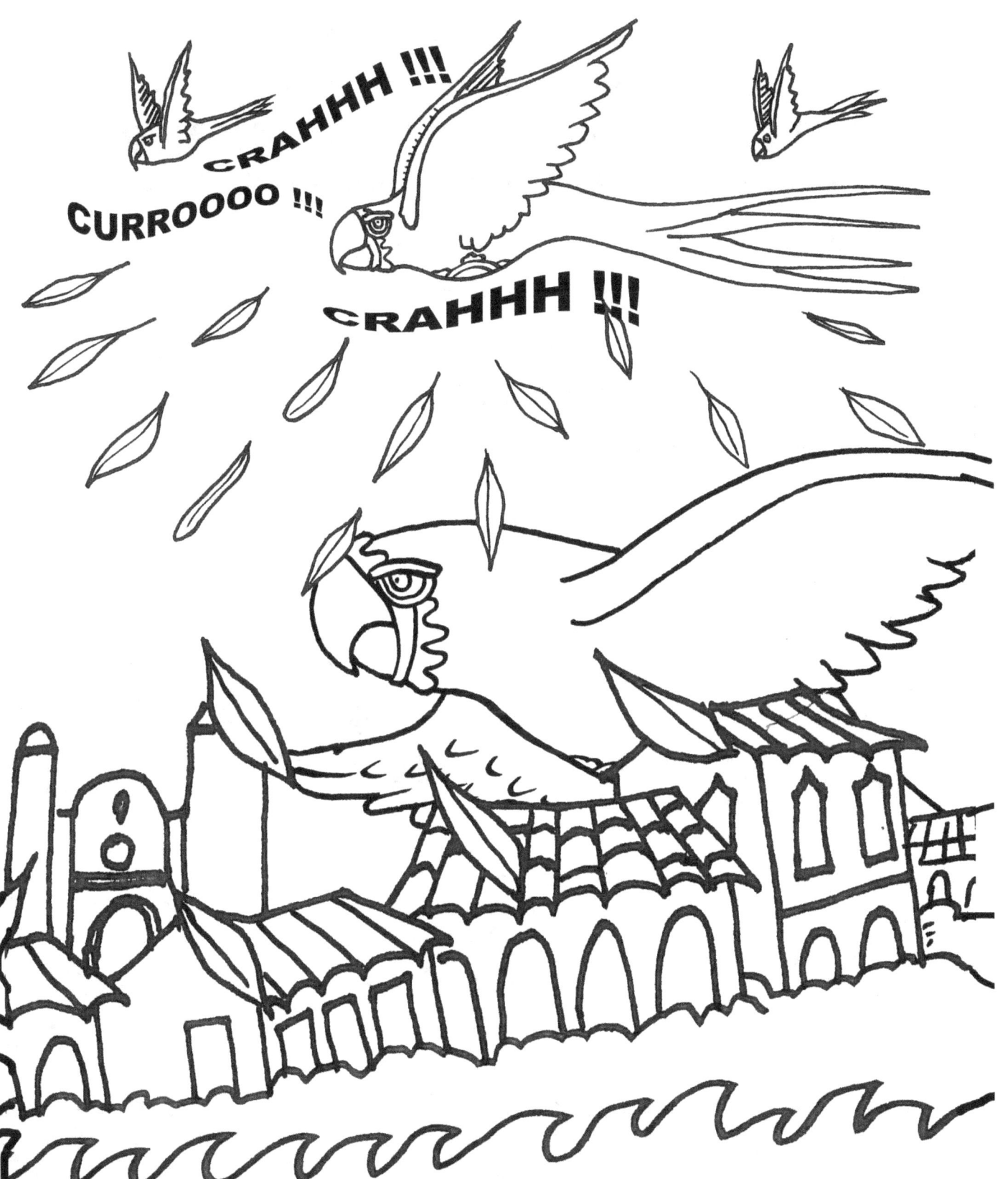

Esa mañana Doña Matilde se levantó cantando muy animada. Pero después, por alguna extraña compulsión, comenzó a hablar y a hablar y a hablar y hablar ...

Apenas tomaba un poco de aire entre cada palabra, atormentando a su marido Nicolás con un sinfín de cosas: "Fíjate que el pasado domingo escuche a doña Tere que le dijo su marido que le comentó Nicanor que le avisara a María que las papas y las cebollas del mercado estaban muuuuy baratas, pero Emilia le dijo a Susana que le dijera a Sofis que blah, blah, blah, blah"

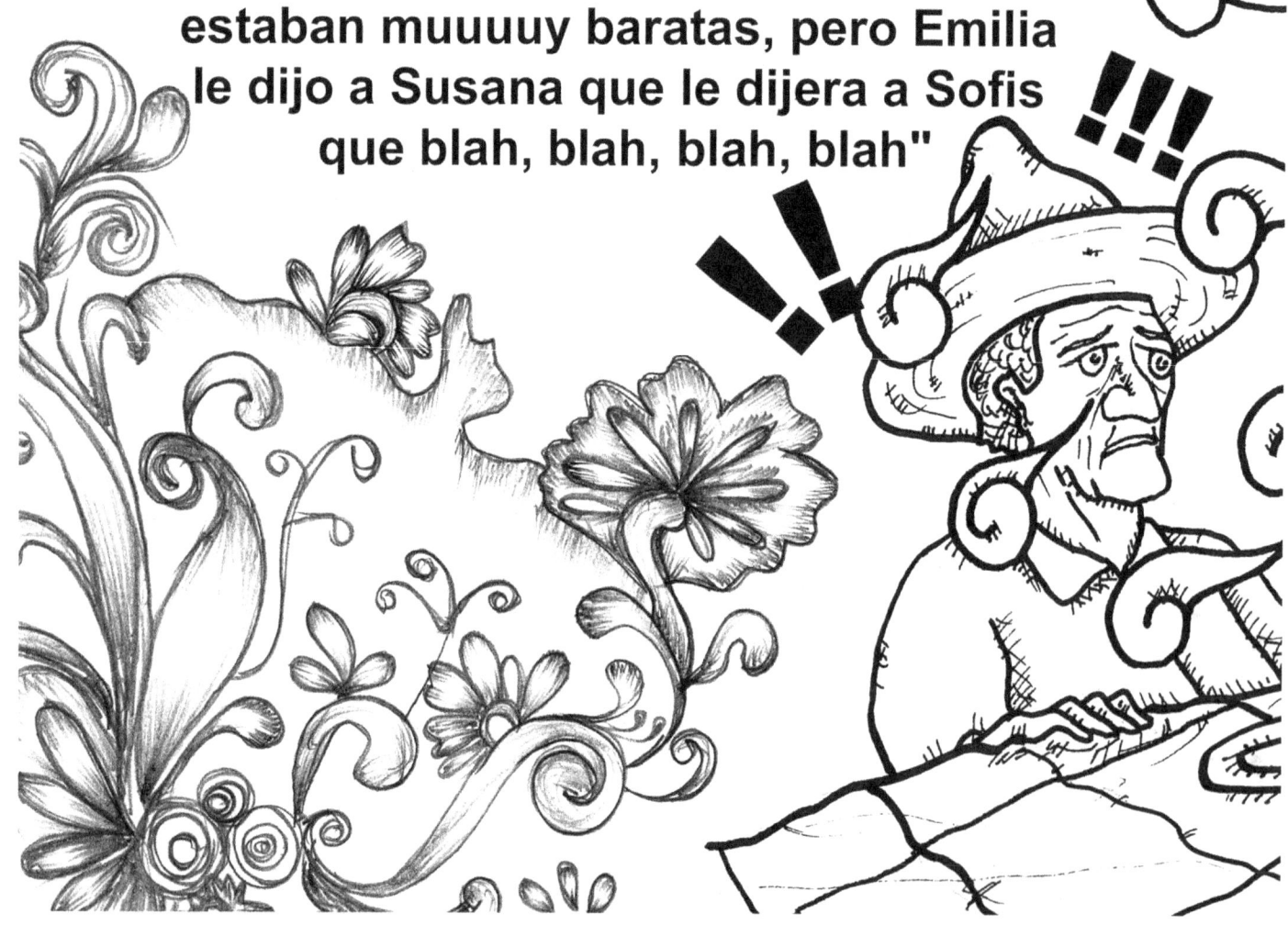

El se quedó con la boca abierta
al escuchar tantos disparates,
pero optó por no darle mucha importancia.
Pero con el paso los días ella estaba peor,
y hablaba hasta dormida.

Don Nicolás, abrumado por tanta
palabrería y le gritó:
"!Ya deja de hablar!; !Pareces guacamaya!"

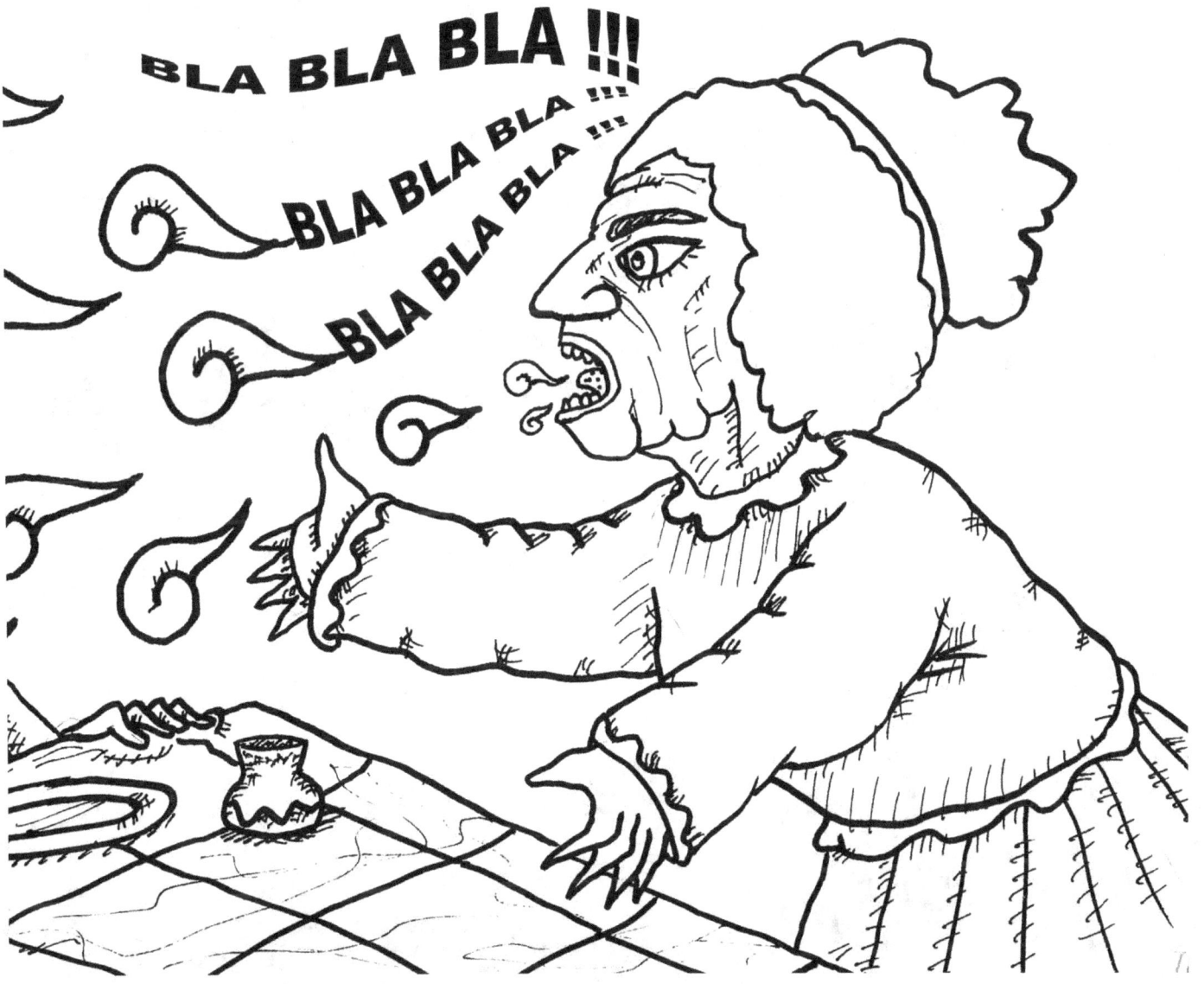

Ese domingo, rumbo al Fandango,
Doña Matilde no dejó de hablar
ni un minuto. Por el camino
se encontró con Doña Esperanza,
tambien con el Mal de la Guacamaya;
se enredaron en una plática tan intensa
que hasta se desvanecían por su
"blah, blah, blah"
En todos los barrios aparecieron
brotes de mujeres parlanchinas.
Ante tal situación, las autoridades
se reunieron con los familares afectados
para formular una solución.

Una de las propuestas fue taparles
la boca con un paliacate. Alguien
recomendó cotonetes en las orejas,
para no escuchar más el cacareo.

Algunos propusieron contratar
Psicólogos, no para atender a las señoras,
sino para auxiliar a los maridos;
¡No hay nada más horrible que escuchar
a una uraca hablar, hablar y hablar sin reposo!

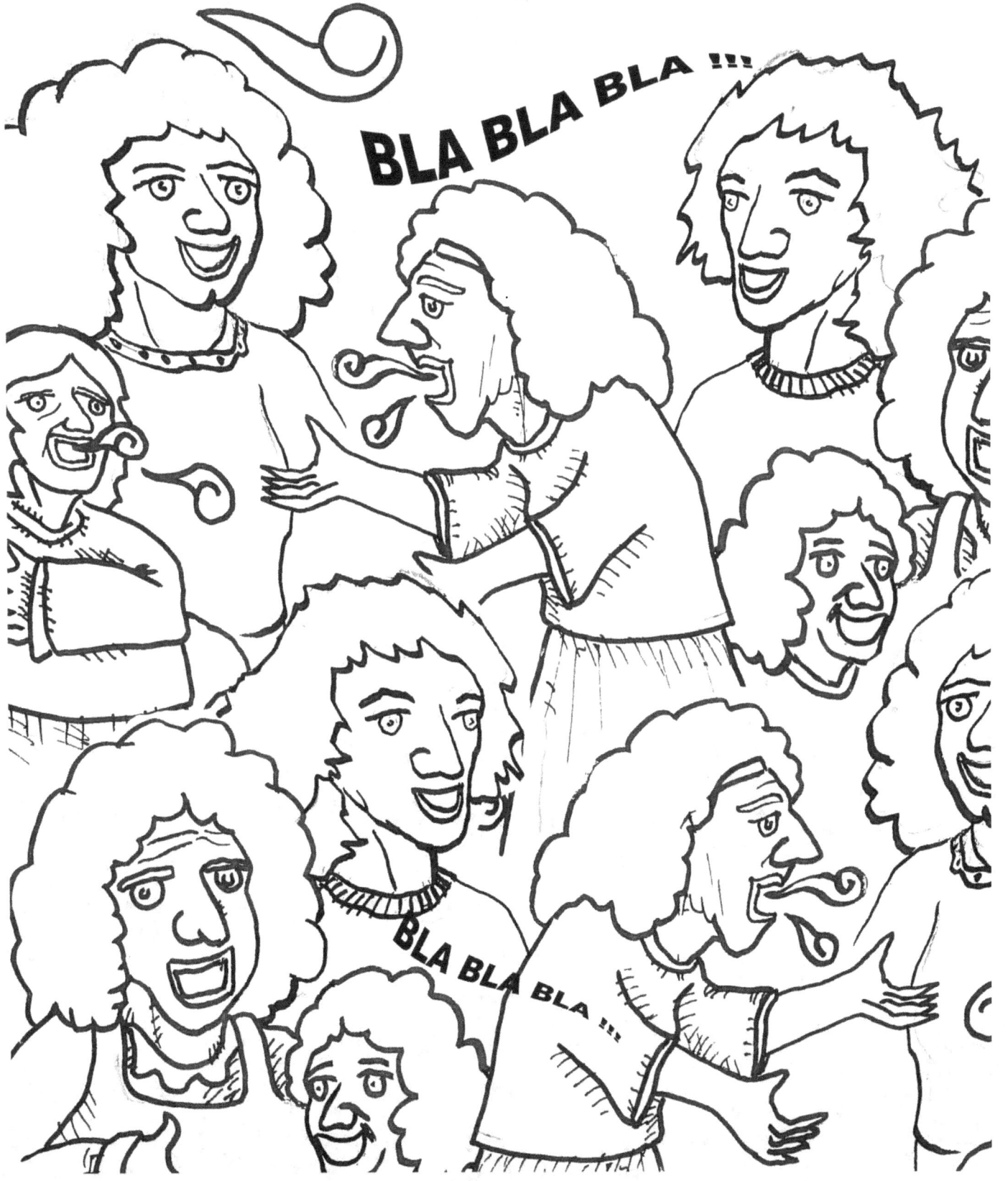

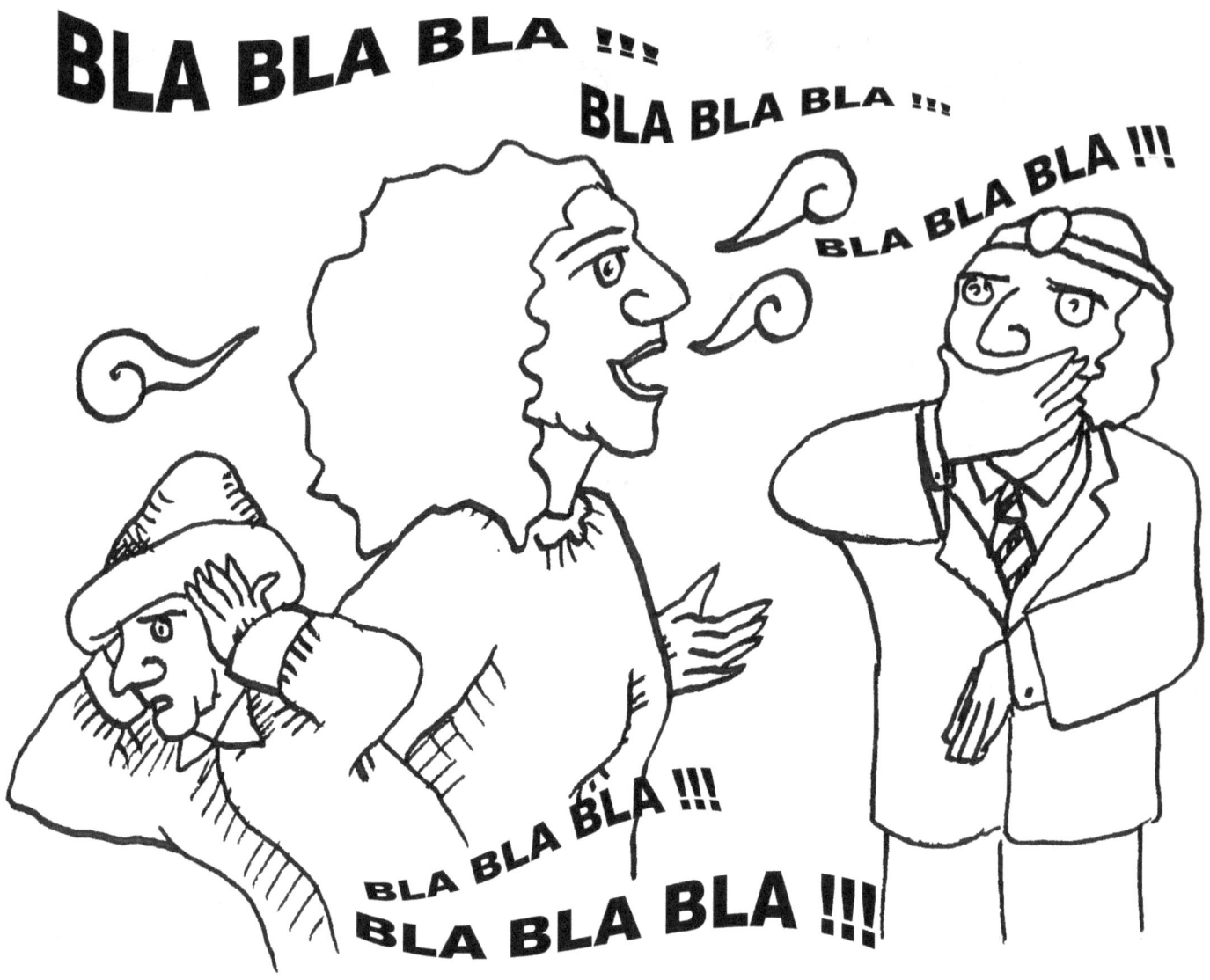

Pero todas las posibles soluciones resultaron inutiles. Entonces conformaron una comisión para pedir la ayuda del Sistema de Salud y a los investigadores, para que resolvieran el enigma de la extraña epidemia, ya bautizada como **"SINDROME DE LA GUACAMAYA"**

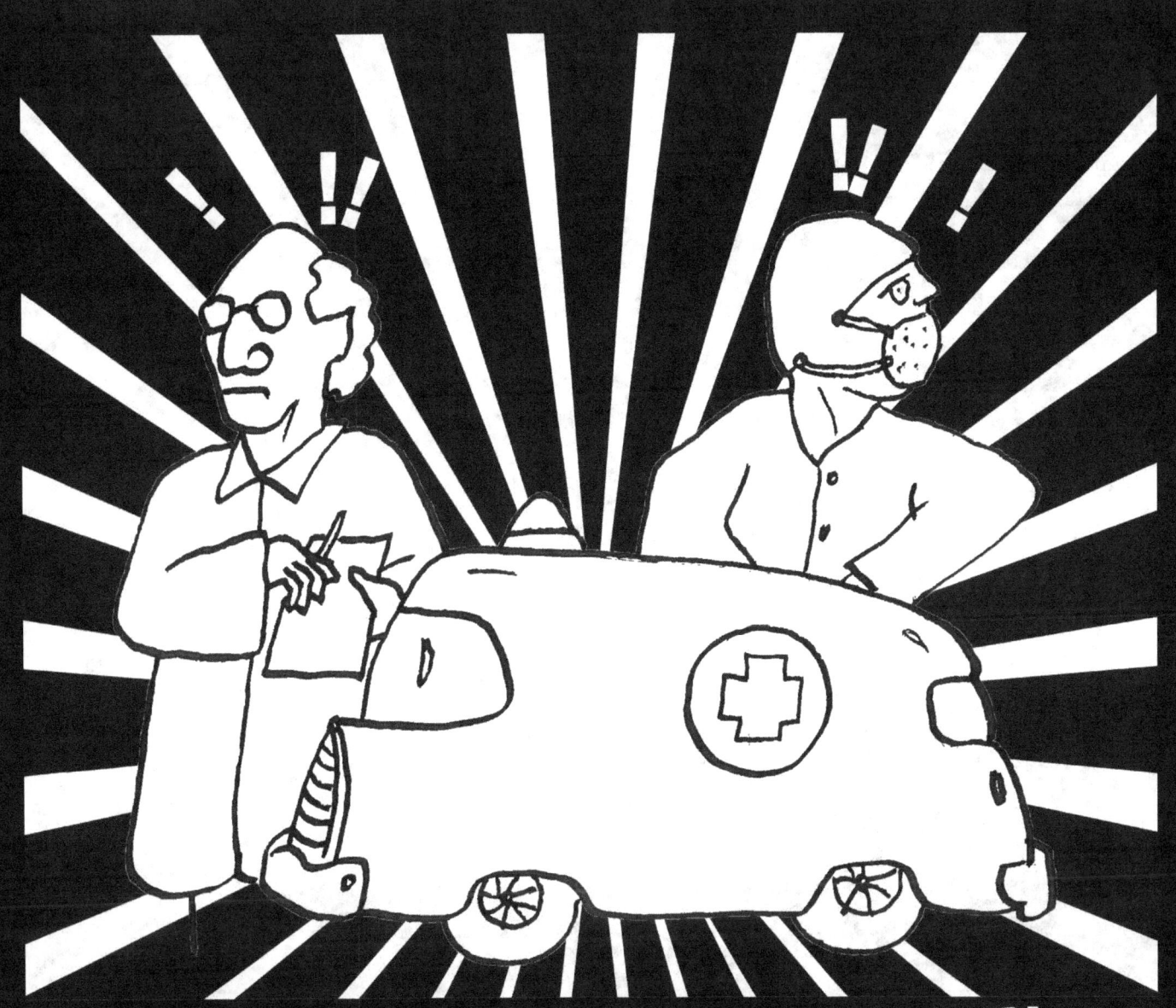

Pero ninguno de los tratamientos funcionó:
las afectadas, despues de las terapias,
las ampolletas y la hipnósis,
recaían al guacamayeo; en verdad
era un caso muy difícil.

No se encontraba solución. Hasta que uno
de los ancianos del pueblo, con su
añeja experiencia, intuyó que el caso
no era científico ni clínico: lo atribuyó
a la respuesta de La Naturaleza ante
la inconciencia humana. Entonces
recomendó consultar al "Cuate Modesto",
el Curandero Mayor de Catemaco.
Este, al conocer los detalles, preparó
un ceremonial con sus aliados y con
sus poderes. Alistó sus atuendos de gala,
sus amuletos y todas sus hierbas para
enfrentar el mal.

Tras una municiosa serie de limpias
descubrió que las afectadas eran presa
de un conjuro ancestral, desencadenado
por afrentas a La Naturaleza. Se necesitaba
establecer una convivencia cordial
con los animales y, para romper el hechizo,
propuso al pueblo un encuentro
con las guacamayas.

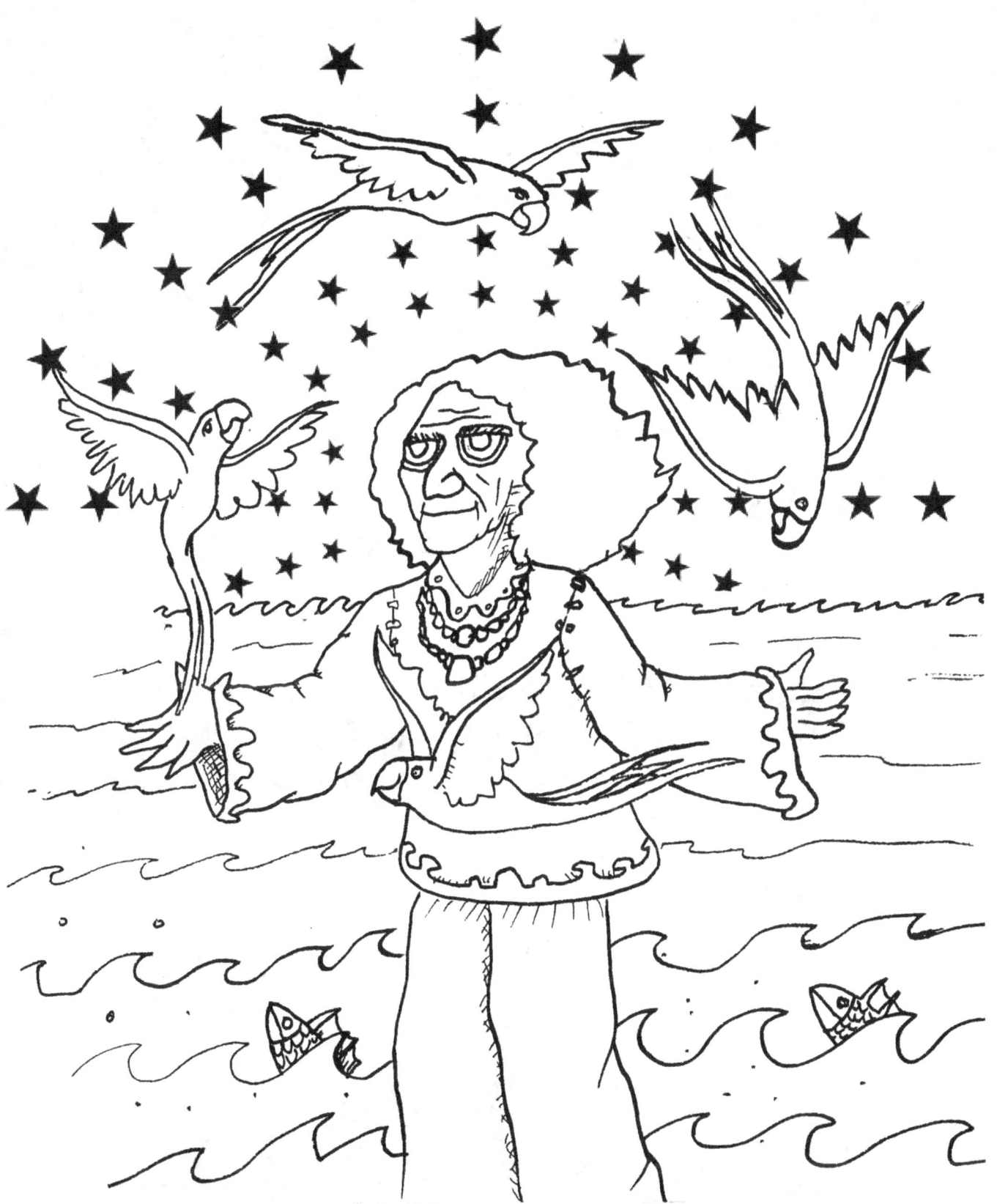

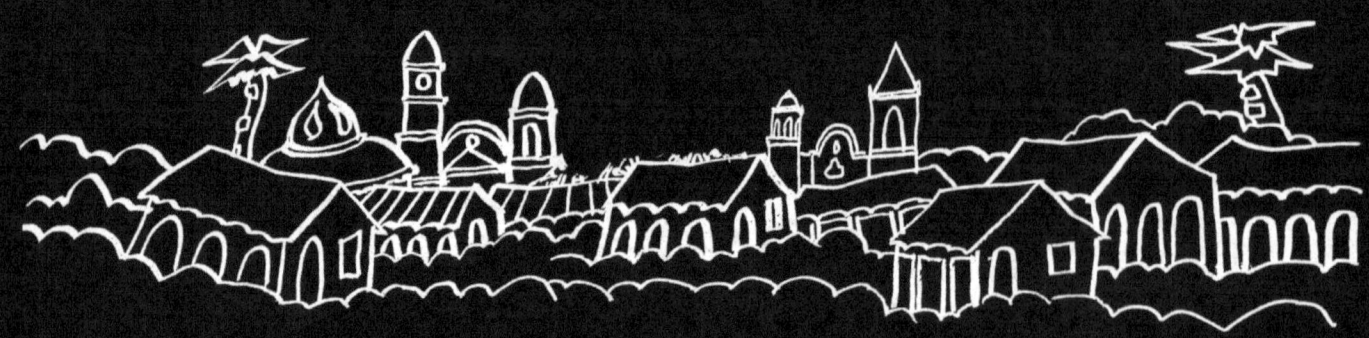

La comunidad, siguiendo el consejo, convocó a un Fandango, apadrinado por los dos chamanes: el "Cuate Modesto", de Catemaco y "Pico Rabioso" líder de las guacamayas.

Se invitó a los Jaraneros para que compusieran un Son, dedicado a las aves, y a los bailadores, para inventar las mudanzas.

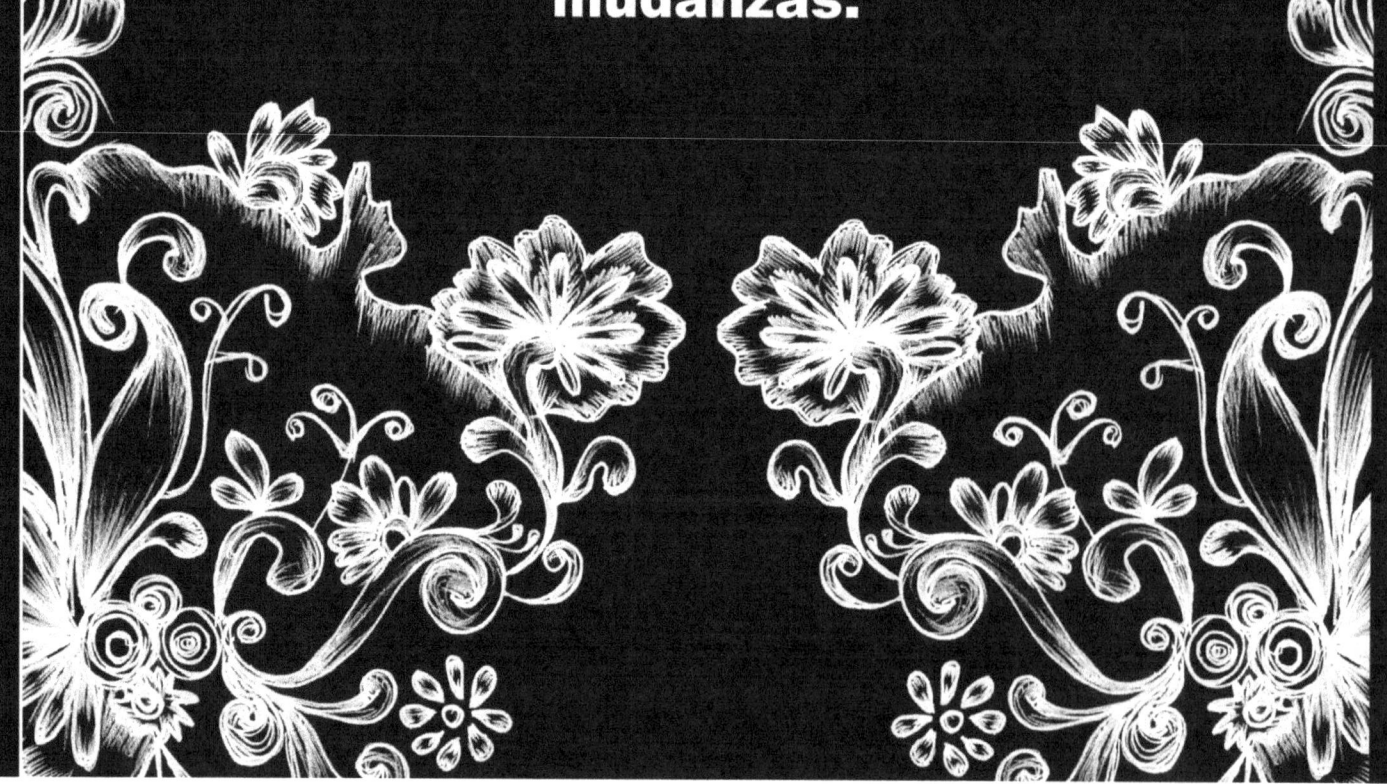

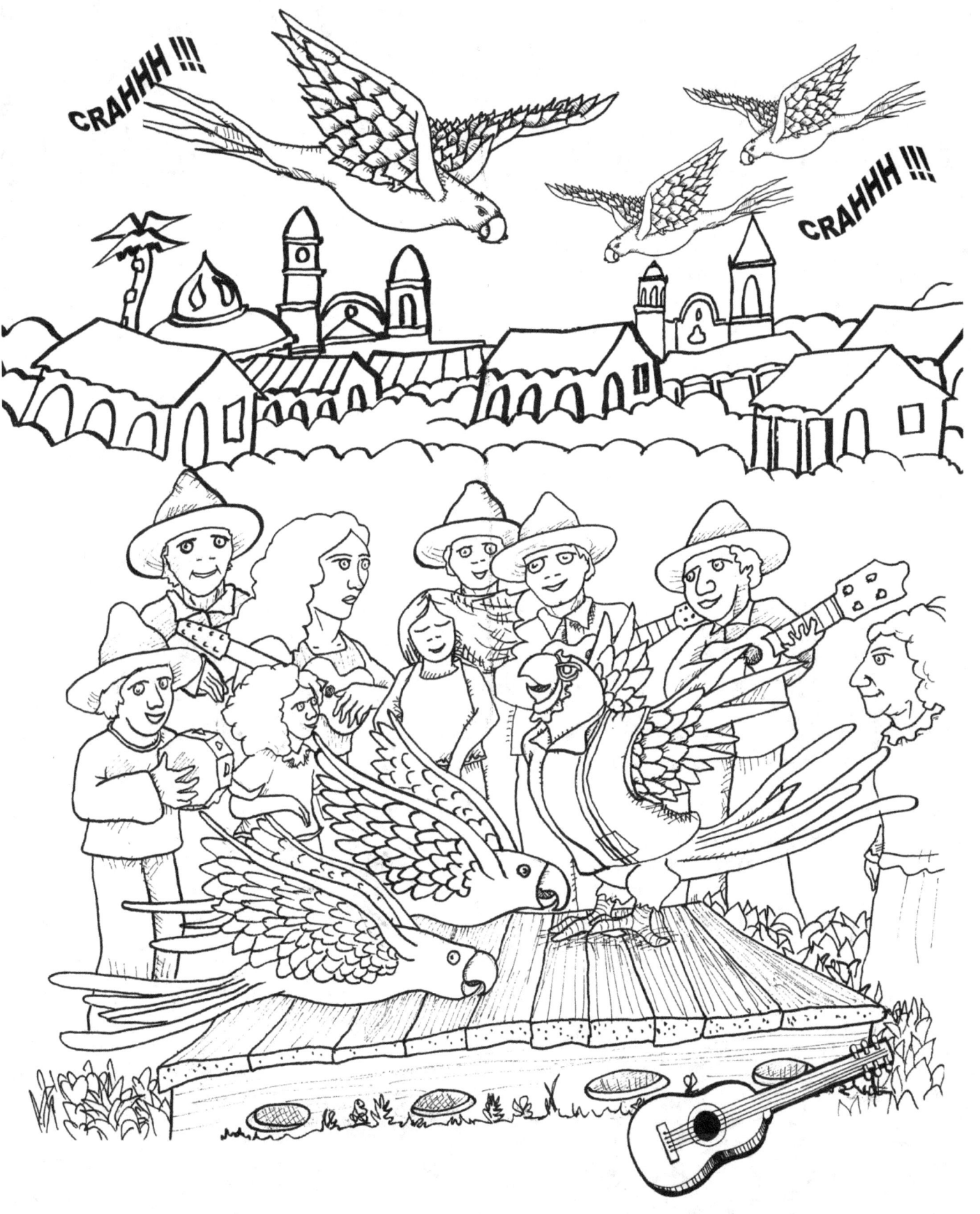

Para comenzar el Fandago, las mejores
tejedoras ofrecieron a "Pico Rabioso"
una Guayabera, que le quedó a la medida.
Mientras, los Jaraneros estrenaban el
nuevo Son de La Guacamaya. "Pico Rabioso",
en correspondencia, expresó:
Habitantes de esta hermosa y
mágica población: sus acciones
han demostrado que nos toman en cuenta:
esto es precisamente lo que rompe
el hechizo del MAL DE LA GUACAMAYA.

¡**E**stán liberados y quedamos en paz!
La nueva amistad quedó sellada
y el mal desapareció. Todos festejaron
con alegría y las tarimas repercutieron.
Los jaraneros comenzaron a inventar
la versada, que no demoró en hacerse popular.

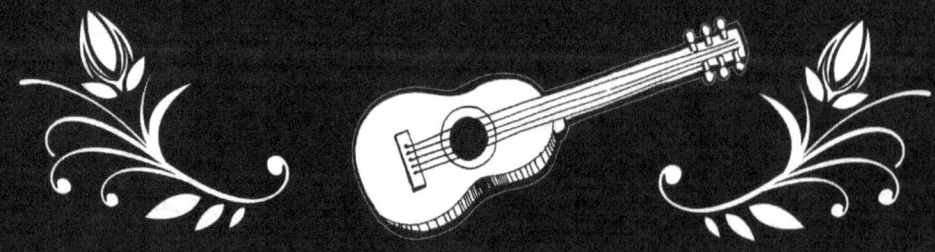

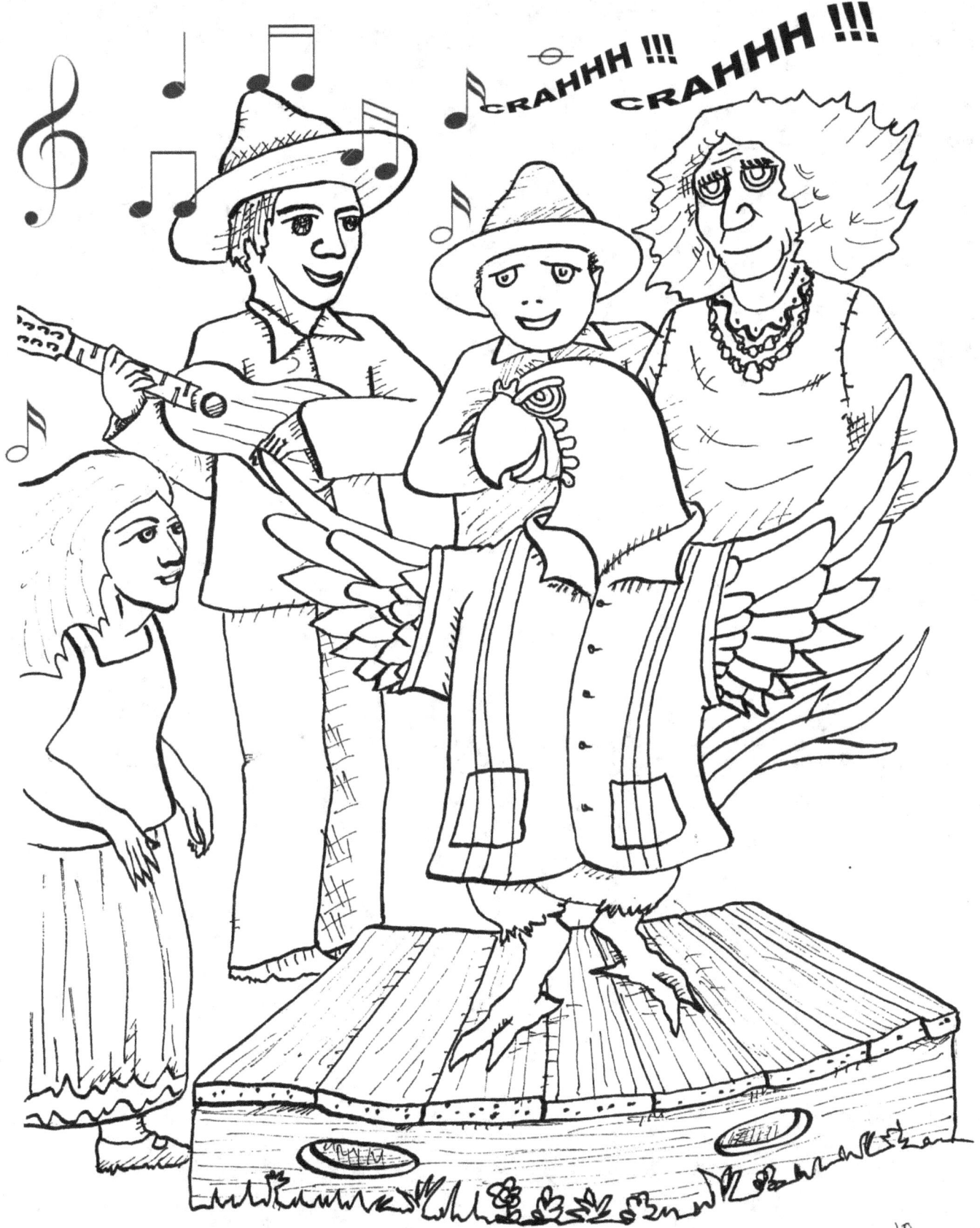

Para sellar la alianza, la comunidad donó
un Santuario a las Guacamayas
a orillas del Papaloapan,
en un paraje repleto de árboles frondosos
y manantiales de agua cristalina.
Desde entonces las Guacamayas
ven a sus crías crecer libres y felices.
El Son de La Guacamaya
está instalado en el Fandango,
con un lugar privilegiado en
el repertorio de los Grandes Sones Jarochos.

Los Angeles, Tlacotalpan, Xico.

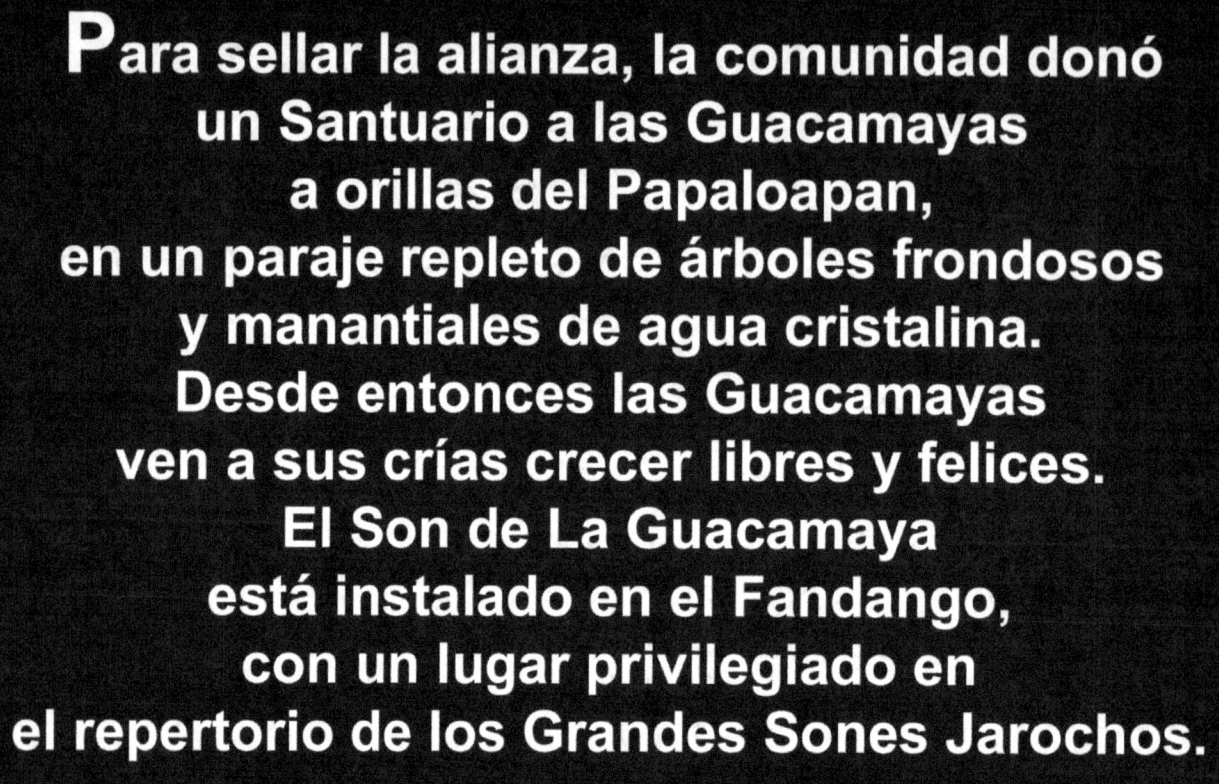

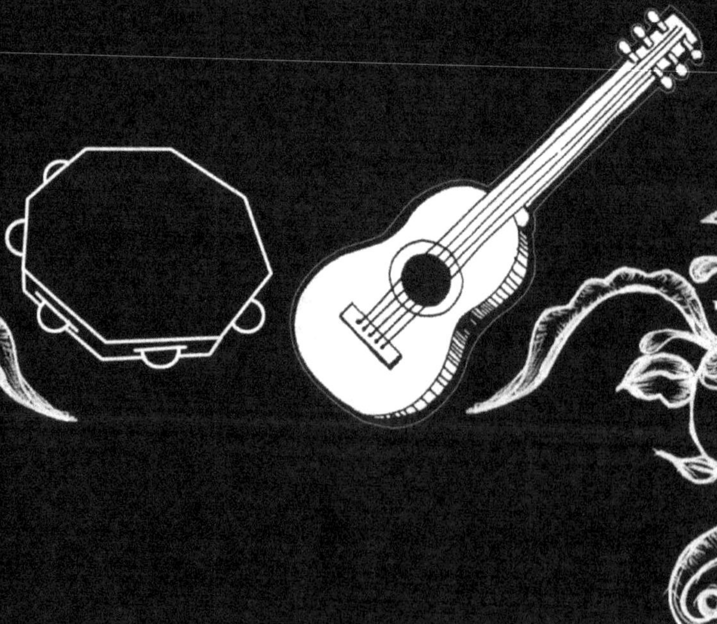

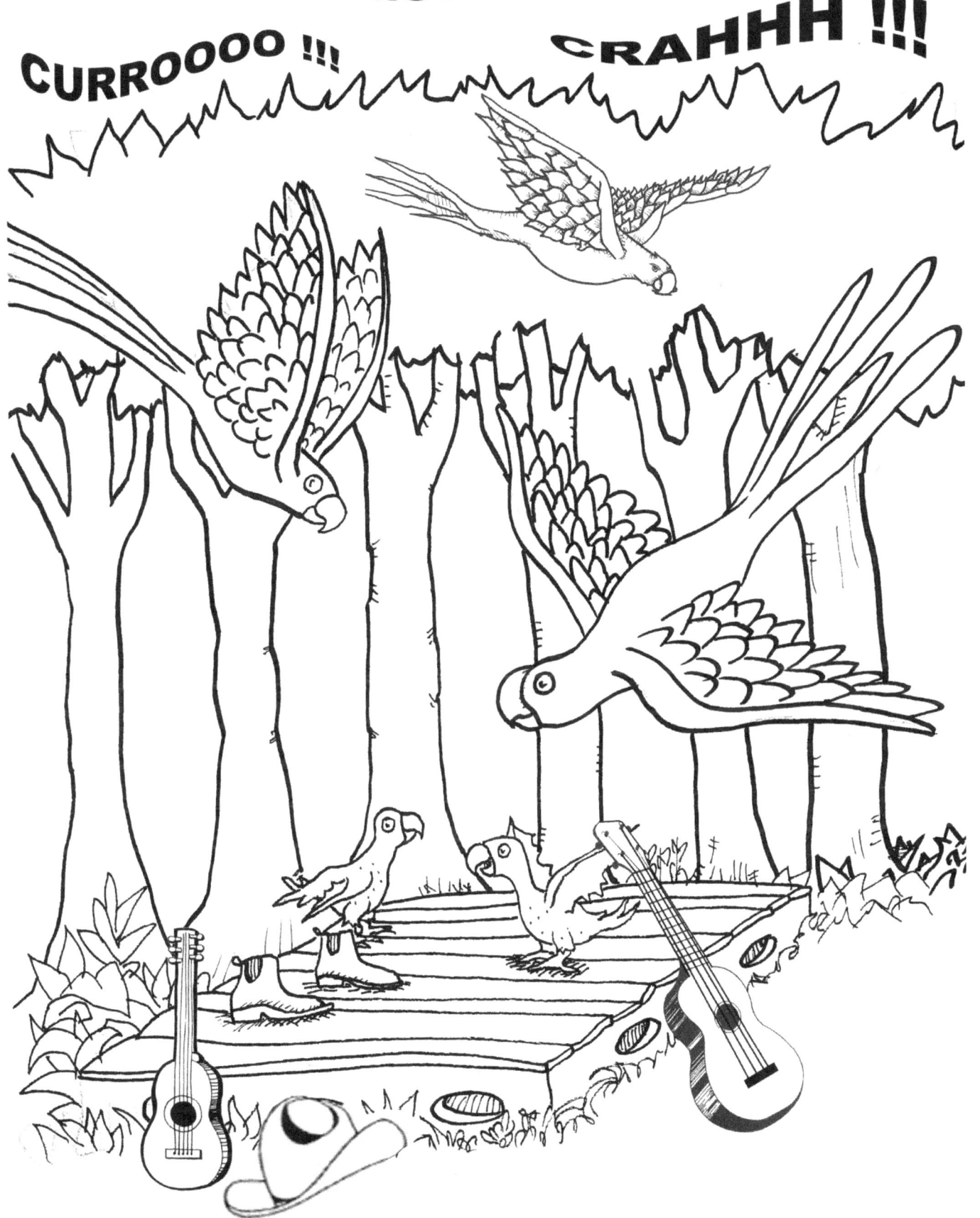